1. Sky blue   4. Yellow   7. Purple   10. Brown
2. Orange   5. Red   8. Violet   11. Green
3. Blue   6. Pink   9. Olive green   12. White

1	GRAY GREEN	2	GOLD	3	DARK CRIMSON
4	LIGHT YELLOW	5	BROWN	6	GOLD
7	GRAY BLUE	8	KHAKI	9	RED BROWN
10	PEACH	11	GRAY GREEN	12	OCHRE
13	DARK GRAY	14	OCHRE	15	GRAY GREEN
16	SAND	17	RED BROWN	18	YELLOW
19	BROWN				

1. Red
2. Orange
3. Brown
4. Purple
5. Sky blue
6. White
7. Violet
8. Green
9. Olive green
10. Pink

1 - green   2 - dark green   3 - blue   4 - light blue   5 - beige
6 - yellow   7 - red   8 - orange   9 - brown

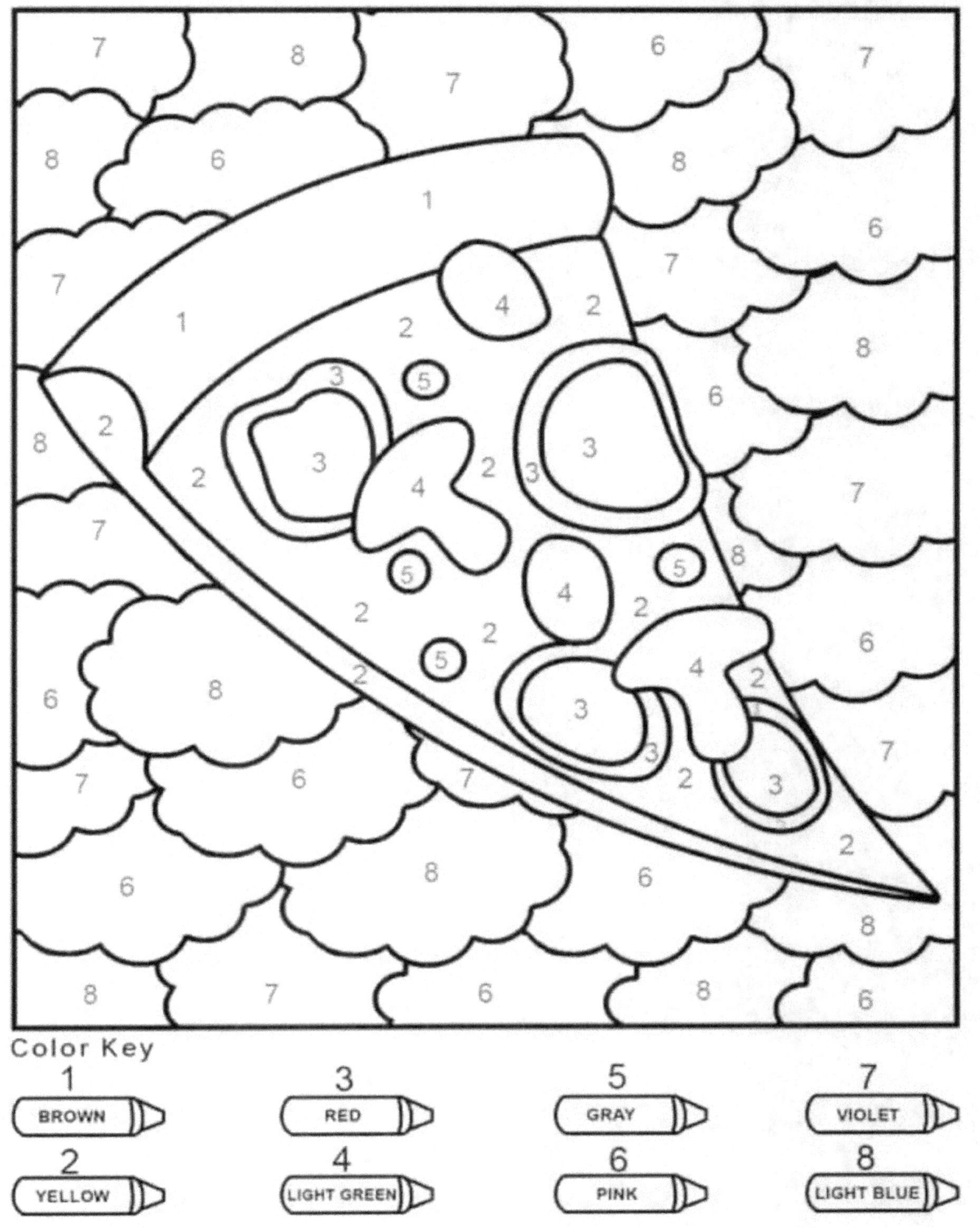

Color Key

| 1 BROWN | 3 RED | 5 GRAY | 7 VIOLET |
| 2 YELLOW | 4 LIGHT GREEN | 6 PINK | 8 LIGHT BLUE |

Color Key
1 BLUE
2 RED
3 YELLOW
4 LIGHT GREEN
5 DEEP GREEN
6 ORANGE
7 PINK
8 PURPLE

1. Red
2. Brown
3. Orange
4. White
5. Pink
6. Yellow
7. Sky blue
8. Green
9. Olive green

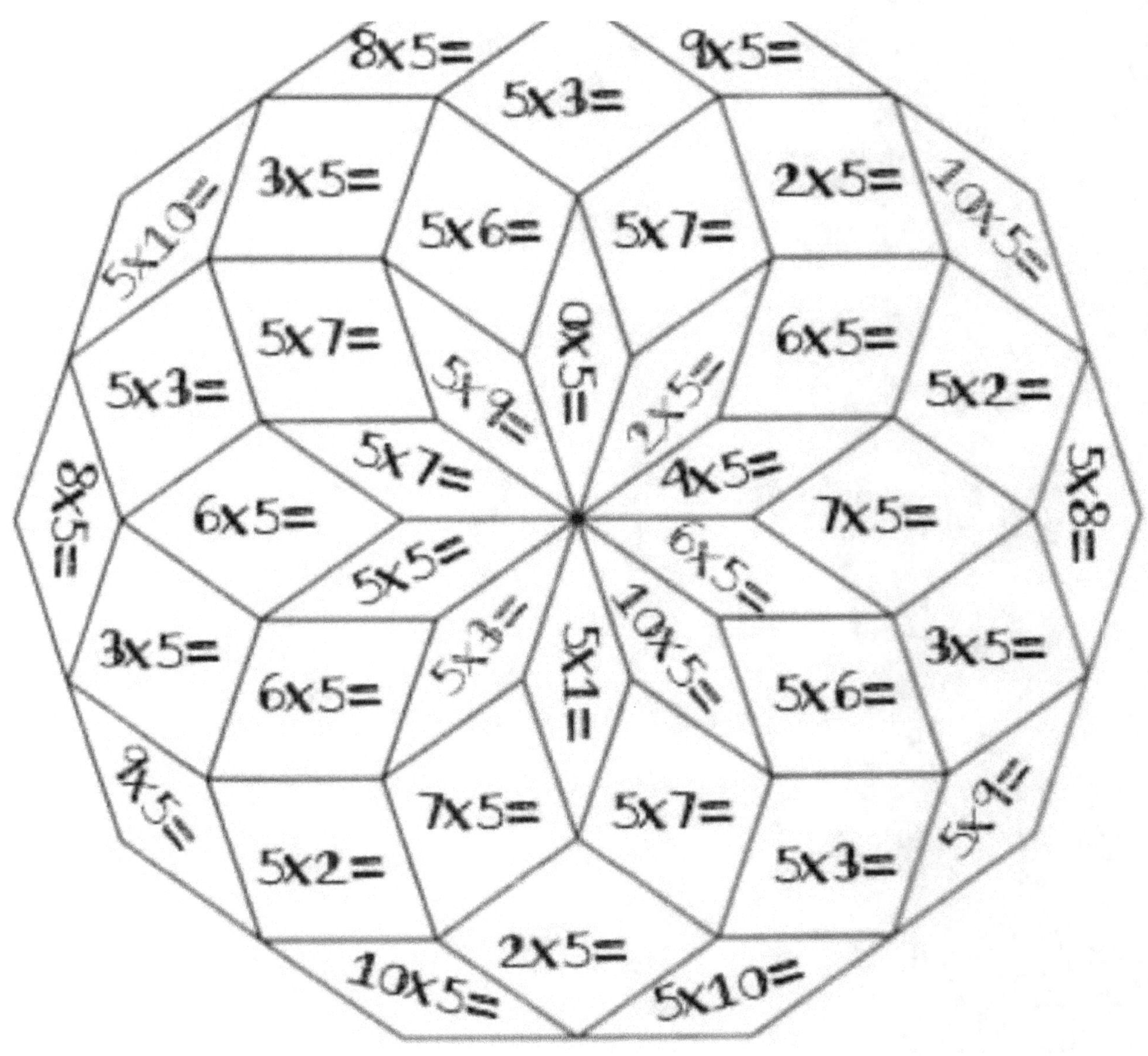

0, 5 – red   30, 35 – green

10, 15 – orange   40, 45, 50 – blue

20, 25 – yellow

1. Red 2. Yellow 3. Light Green 4. Dark Green 5. Blue 6. Purple

Red: 9   Tan: 3   Lt. Blue: 7   Dk. Green: 8

Yellow: 5   Purple: 6   Lt. Green: 4   Grey: 2

1-light green   2-dark green   3-white   4-yellow
5-orange   6-pink   7-*purple*

1 YELLOW	**2** GRAY GREEN	**3** SALMON
4 PALE OLIVE	**5** PALE GREEN	**6** LIGHT GREEN
7 GRAY GREEN	**8** SALMON	

2 +6
0 +8
10-2=
10+3=
8+5=
12-4=
5+5=
16-8=
7+3=
19-6=
7 +1
11-3=
11+2=
11+2=
15-2=
4+5=
12-3=
3 +5
6-1=
3 +2
4 +1
14-9=
2 +3
7-2=
9-4=
9-4=
8-3=
11+3=
6+2=
19-3=
9+7=
18 - 2
7+7=
8+8=
10+6=
KEY
5 – Green   10 – Yellow   16 – Purple   14 – Blue
8 – Pink   13 – Orange   9 – Red

Color Key

1	2	3	4
RED	GREY	PURPLE	YELLOW

5	6	7	8
PINK	BROWN	DEEP BLUE	LIGHT BLUE

Color Key
1 GREY
2 PINK
3 LIGHT GREEN
4 YELLOW
5 DEEP GREEN
6 DEEP YELLOW
7 BLUE
8 LIGHT BLUE

1 - Red	3 - Blue	5 - Orange	7 - Brown	9 - Pink
2 - Yellow	4 - Green	6 - Purple	8 - Black	10 - Gray

1. Orange   2. Off white   3. Brown   4. Peach
5. Green

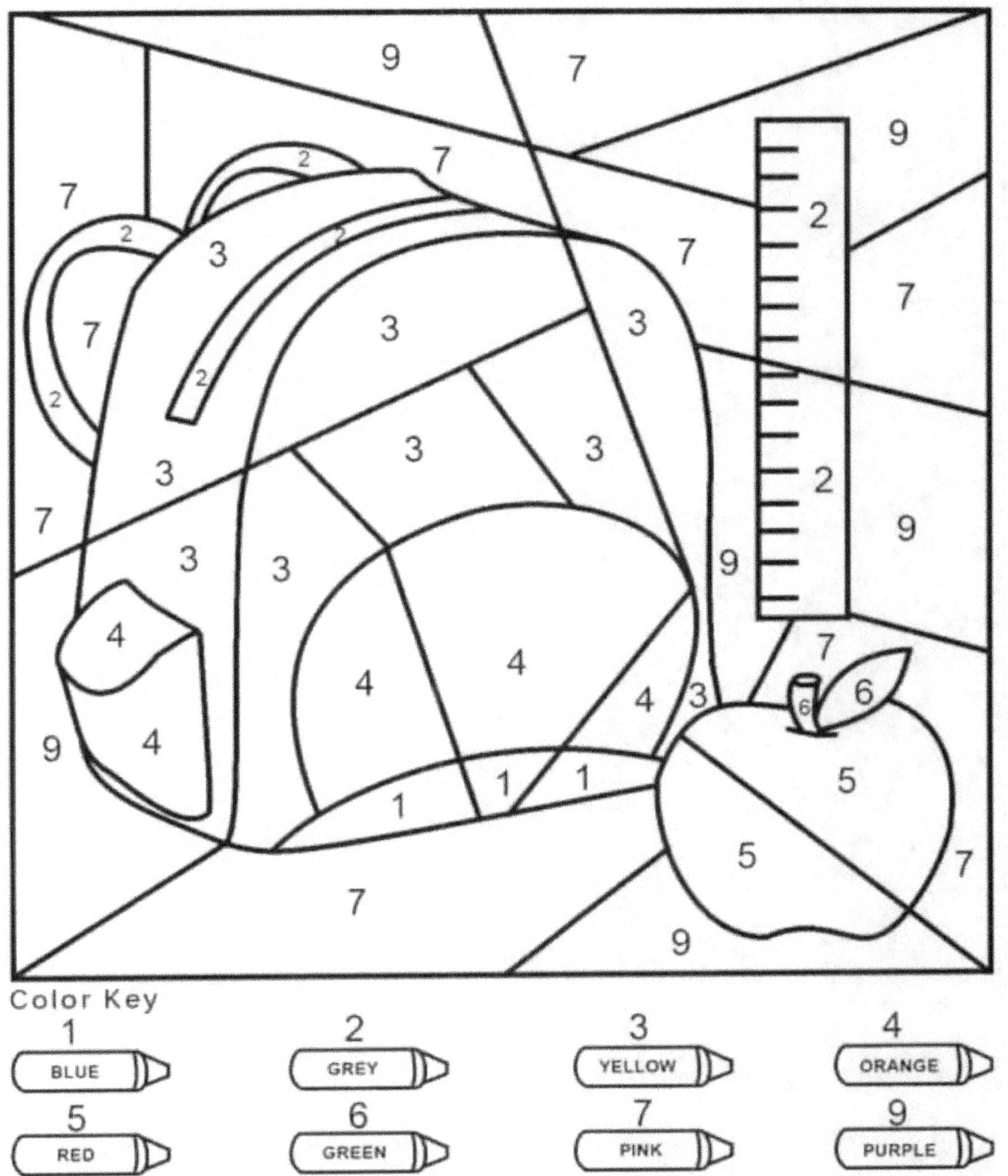

Color Key

1	2	3	4
BLUE	GREY	YELLOW	ORANGE

5	6	7	9
RED	GREEN	PINK	PURPLE

1—Red
2—Yellow
3—Blue
4—Green
5—Orange
6—Purple
7—Brown
8—Black

Color Key

1	2	3	4
BROWN	WHITE	RED	PINK

5	6	7	8
ORANGE	LIGHT GREEN	DEEP GREEN	BLUE

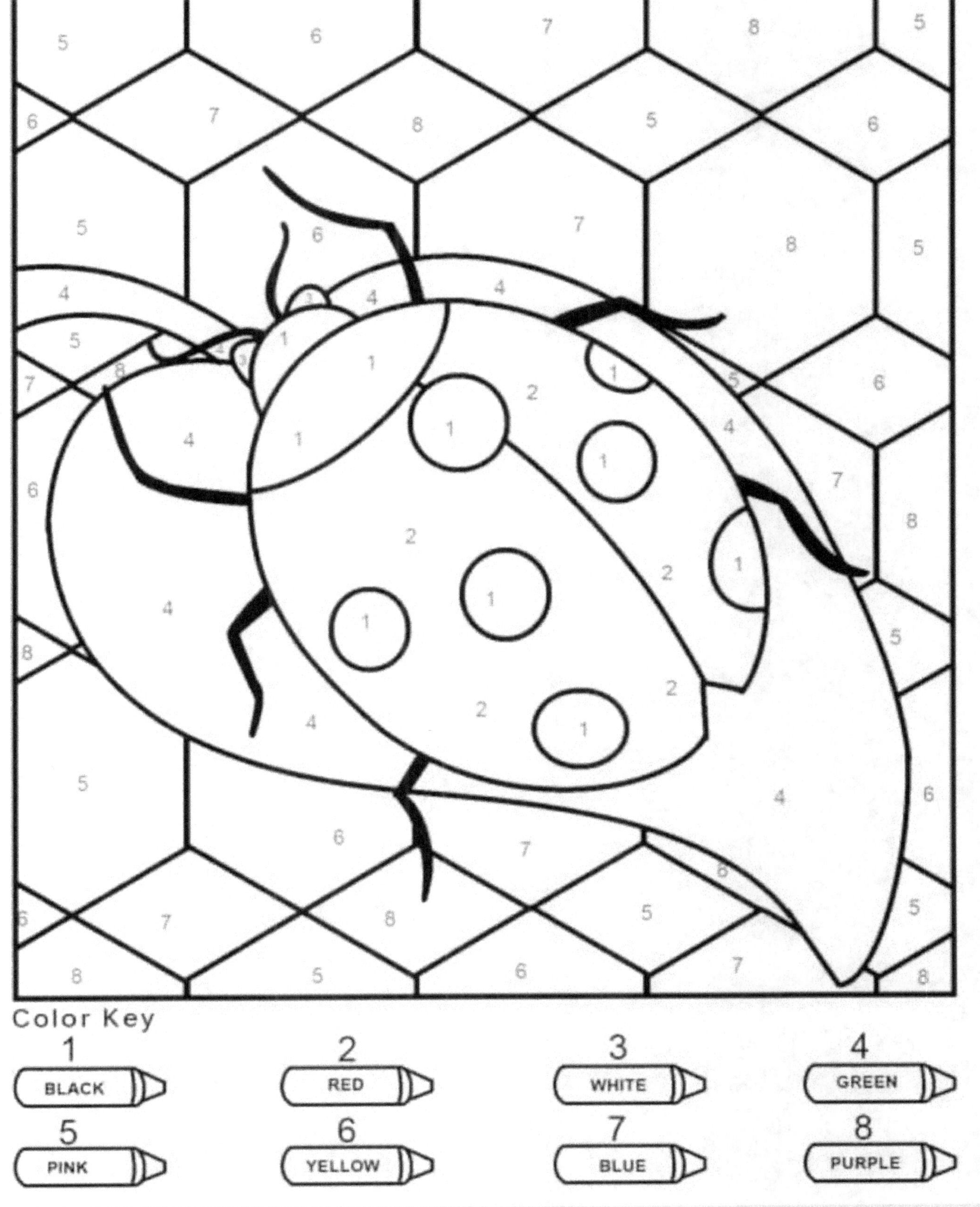

Color Key

1	2	3	4
BLACK	RED	WHITE	GREEN

5	6	7	8
PINK	YELLOW	BLUE	PURPLE

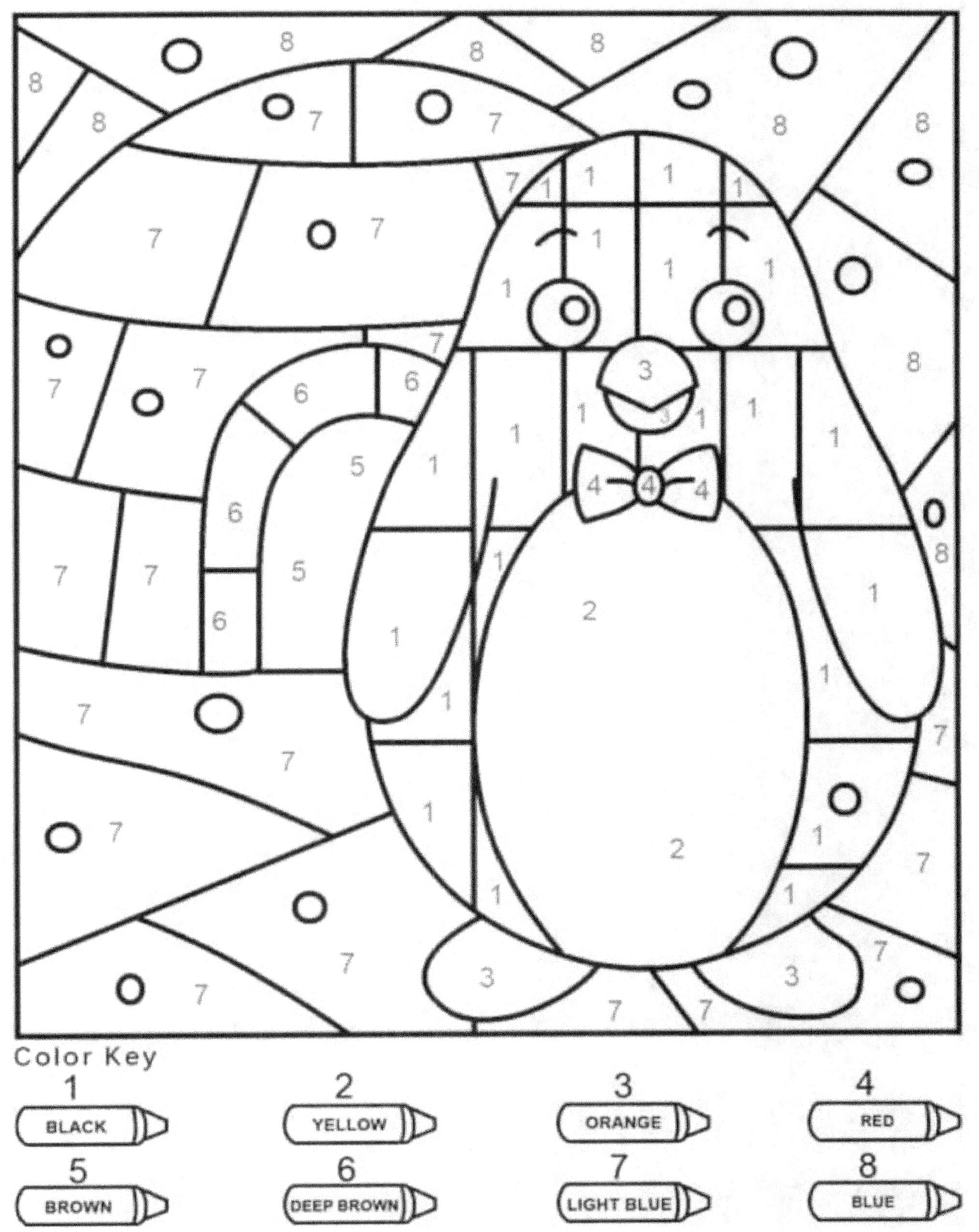

Color Key
1 BLACK
2 YELLOW
3 ORANGE
4 RED
5 BROWN
6 DEEP BROWN
7 LIGHT BLUE
8 BLUE

Color Key

| 1 ORANGE | 3 PINK | 5 DEEP BROWN | 7 BLUE |
| 2 YELLOW | 4 GREEN | 6 BROWN | 8 LIGHT BLUE |

Color Key

1	2	3	4
LIGHT GREEN	DEEP BROWN	DEEP GREEN	PURPLE

5	6	7	8
YELLOW	PINK	DEEP YELLOW	ORANGE

Color Key

1 PURPLE	**3** WHITE	**5** GREEN	**7** BLUE
2 ORANGE	**4** YELLOW	**6** BROWN	**8** LIGHT BLUE